Hommage Aux Artisans et Métiers

Homage to Artisans and Trades

Gary Dickson

Dieu a posé le travail pour sentinelle de la vertu.

God created work to watch over our virtue.

– NAPOLEON BONAPARTE

A ma femme, Susie

TO MY WIFE, SUSIE

Table des Matières

Table of Contents

Préface

Les hauts et les bas de vie étaient parmi mes premiers
et mes plus précieux souvenirs que j'avais recueillis pendant
mes années comme étudiant en Suisse Romande et en France.
La vie quotidienne m'avait donné un regard et une estime très
sensible pour les artisans et les ouvriers. Sans leurs contributions,
apparemment petites même insignifiantes, la qualité de vie aurait
été bien différente, disons, moins commode et insatisfaisantes.
Et mon habitude d'être un visiteur perpétuel en France durant
ces derniers soixante ans a eu l'effet de renforcer mes sentiments.

Ces gens, travaillant souvent derrière les murs, plutôt dans
leurs ateliers loin et caché hors de vue, donnant leurs bonnes
volontés et des heures sans nombres en fournissant des choses
qui ne se font pas remarquer sauf quand il y a un échec.

Je pourrais raconter des centaines des histoires de succès
et des dizaines de coups ratés. Mais dans les poèmes qui suivent
ce qu'on trouvera surtout sont des hommages aux artisans et aux
compagnons qui assurent les produits et les services qui rendent
la vie plus belle, plus confortable, plus délicieuse, plus sain,
plus propre, et plus heureuse. Mon intention est d'augmenter
le niveau de conscience de ce grand patrimoine incalculable
qui réside dans les cerveaux et dans les mains de ces gens
irremplaçables. En effet, plus on connaît les complexités et les
compétences de ces maitres, plus on peut les apprécier. Il y a un
art de cette chose qu'on appelle le savoir-faire.

Preface

Life's ups and downs were among my first and most precious memories that I collected during my student years in French- speaking Switzerland and in France. Everyday life gave me a sensitive respect and esteem for artisans and tradesmen. Without their contributions, often not apparent, sometimes small even insignificant, the quality of life would be very different, let's say, less comfortable and unsatisfactory. And my habit of being a perpetual visitor to France since those early years has had the effect of reinforcing my sentiments.

These people, working behind the scenes, more often in faraway and hidden workrooms, out of sight, give their best efforts and countless hours to furnish the things that one doesn't even notice unless there is a mistake.

I could tell hundreds of stories of success and tens of blunder. But in the poems that follow this preface, one will find most of all an homage to the artisans and journeymen who provide the products and services that make life more beautiful, more comfortable, more delicious, healthier, cleaner, and happier. My intention is to elevate the level of awareness of the incalculable value that rests in the minds and hands of these irreplaceable folk. In effect, the more one knows of the intricacies and the competencies of these masters, the more they will be appreciated. There is an art to this thing they call *savoir-faire*.

Le Gendarme

The Gendarme

LE GENDARME

Grand, fier, un garde de sureté et d'ordre civile
Képi penché, habillé en bleu fidèle
Son poste au coin ou au point visible
Caché ou déclaré, une présence crédible

Unique au monde, son histoire compte des étapes
Une part soldat, un part policier, tout patriote
Gardien du roi, protecteur des ordinaires
A pied, à cheval, par moto, même à l'air

Qui sont ces braves derrières les médailles
Ils sont en surveillants devant les murailles
Leur filet de sécurité, qu'on oublie
La première défense contre des conflits

Leur rôle en terrorisme en cybre noté
L'aide aux jeunes ou une vielle dame souvent raté

THE GENDARME

Tall, straight, guardian of law and order

His signature cap, his uniform a reliable blue

Whether at the corner or a post discreet

Hidden or out in the open, a credible presence

Unique among police, his history earned in steps

Part soldier, part policeman, but a patriot first

Guard of the king, yet protector of common folk

On foot, on horseback, by motorcycle, even by air

Who are these braves behind the medals

They are the sentinels before the walls

Their net of safety, that one forgets

The first defense against unrest

Their role in terrorism and cyber is known

While their aid to the young and old ladies often missed

L'Ébiniste

The Cabinetmaker

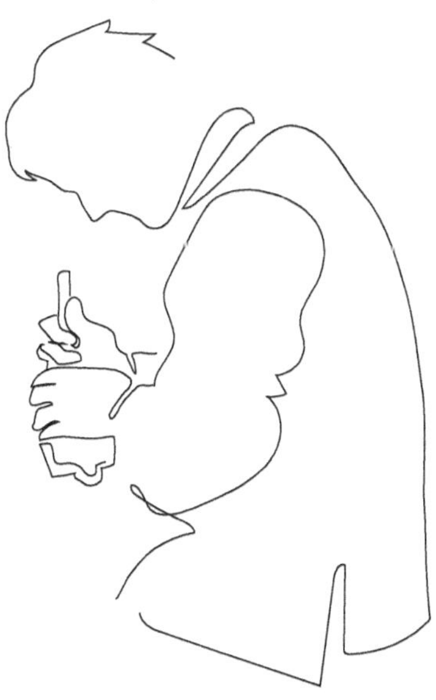

L'Ébeniste

Perdu dans le bois comme un enfant aux blocs
Celui qui mesurent deux fois coupe une fois sans choc
Parmi les idées, les dessins et les bêtises
Sortent des tables, des cabinets, des chaises

Les dons requis sont difficilement acquis
Une bonne sens d'échelle, un esprit d'exquis
L'horaire compté en mois, lentement l'objet est né
Dans ce mélange des planches un mirage se cache

Quand l'homme se décidait de rester en place
De construire une maison, d'abandonner la chasse
Jetant la massue, en prenant le marteau
Des tendons, des mortaises, le col, et le ciseau

Souverain des vernis, sage aux papiers sable,
Survivant dans ses oeuvres inoubliables

CABINETMAKER

Lost among the lumber, like a child amidst his blocks

A man of prudence who measures twice but cuts once

Among the ideas, the designs, and the miscues

Come forth the tables, cabinets, and chairs

The skills required are difficult to acquire

A keen sense of scale, a taste for the sublime

The work takes months, slowly the object is born

Within this jumble of planks, a mirage lurks

When man decided to wander no more

To build a house and abandon the hunt

Discard the club and pick up the hammer

The tendons, mortices, glue, and chisel

Supreme with varnishes, abrasives-wise

He lives on through his unforgettable works

Le Fleuriste

The Florist

LE FLEURISTE

L'air est frais, même mouillé, protégeant leur fraicheur
Tendres, délicates susceptibles de flétrir
Ivre des fragrances douces, ignorant les mains gelées
Debout heure après heure sur un point fixé

Le panthéon des fleurs, un temple grand et haut
Les espèces, les familles, de tous niveaux
Botanique, horticulture, autant de savoir
Soigne, conseille, vendre, de l'aurore au soir

Amant des végétaux, artiste des tiges fleurissantes
Ses bouquets arrangés à l'intention de plaire
Cérémonies heureuses, importantes, ou tristes
Ce qui est mieux non-dit, les fleurs le disent

Couleurs, formes, étranges ou exotiques
Une recherche sage trouve des sentiments pathétiques

THE FLORIST

The air is cool even wet, protecting their freshness
Tender, delicate, susceptible to wilt
Intoxicated by the sweet scents, ignoring the frozen hands
Standing hour after hour in the same spot

The house of flowers is a special place high and grand
The species, the families, of every description
Botany, horticulture, a lot to know
To care for, advise, sell from dawn to evening

Lover of vegetation and blooming stems
Bouquets arranged with the intention to please
Happy ceremonies, important and sad ones too
For things left better unsaid, the flowers speak

Colors and shapes, strange and exotic
A wise search finds the right sentiment

Le Maçon

The Mason

Le Maçon

D'origine inorganique au cœur de la terre

Marbre, granite, basalte, ardoise, et calcaire

Dure et forte comme le dos et les mains de maçon

Une pierre sur l'autre, la base de construction

Les grands monuments d'Égypte et de la Grèce

Les rues et les routes romaines laissent leurs traces

Les bâtiments n'apparaissent pas de nulle part

Mais lentement prennent forme selon un bel art

Les églises pointent vers le ciel divin et céleste

Les ponts traversent les rivières larges et vastes

Les grandes places étendues grâce aux pavés

Les murs cachent, défendant la vie sure et privée

Sans l'oeuvre des maçons, le monde serait tout plat

Le grand chêne d'un gland, les statues d'un caillou

THE MASON

Of an inorganic origin from the earth's core

Marble, granite, slate and limestone

Hard and strong like the back and hands of the mason

One stone on another, the principle of construction

The great monuments of Egypt and Greece

The Roman streets and roads leave their trace

Buildings don't appear out of thin air

But slowly take shape from a fine art

The cathedrals point to a divine and celestial sky

The bridges cross rivers wide and vast

The great squares extend thanks to their paving stones

The walls hide, defend a private and secure life

Without the work of masons, the world would be flat

The great oak from a single acorn, statues from a pebble

L'Institutrice

The Teacher

L'Institutrice

Séquestrée avec les petits de six à neuf ans
Isolée parmi les filles et les garçons
Sa mission claire, chargée de toute leur enseigner
Les résistants, les paresseux, même les moins doués

Quelle grande expectation d'instruire plus que le tout
L'écriture, le calcul, l'histoire, la geo au bout
En attendant les besoins des élèves poussent
Exigeants parents se mélangent dans la mousse

De ces coquins en cours, l'avenir, bon ou pas
Mais eux sans savoir, flânant sans souci d'ici à là
Quel paradoxe, chargé de celui qui s'en fout
Patience requise est un long point de vue

Année par année elle doit être résolue
Les jeunes passent, mais elle est toujours absolue

THE TEACHER

Sequestered with the little ones of six to nine
Isolated among the little girls and boys
Her job is clear, charged with teaching everything
The resistant, the lazy, and the less skilled

What an expectation to instruct more than all
Writing, math, history, and geography to boot
Meanwhile the students press
Demanding parents also chime in

Of these little darlings in class, their future, good or not
They without knowing, strut here and there without a care
What a paradox, to care for those who care less
Patience requires the long view

Year after year, she must be resolved
The young pass, but she is always there

Le Ramoneur

The Chimney Sweep

Le Ramoneur

Mythologie dit, qu'il porte la belle chance

Pas grand, même petit, un savoyard en tous sens

Respecté, vénéré à causes de ses devoirs

Maître, capitaine de foyer au toit

Pas un métier pour le timide ni le fastidieux

Une salade de suie et cendre, noir poudreux

Un tube étroit, serpentine, sombre et foncé

Descendre ou monter aucun en sureté

Brosses, échelles, ventilateurs sont ses armes préférées

Non seulement net mais aussi propre et parfait

Autrefois les vieux foyers brulaient que le bois

Et le cri, « Ooh, Ooh, ramoneur du haut au bas! »

Un caractère liant dans le théâtre et l'art

Coquin ou crétin mais toujours débrouillard

THE CHIMNEY SWEEP

Myth says he brings good fortune

Not tall, even small, a Savoyard in every sense

Respected, admired for his duties

Master, captain from the hearth to the roof

Not a profession for the timid or fastidious

A salad of soot and cinders, a black mess

A narrow tube, serpentine, somber, and dark

Either up or down, nothing is certain

Brushes, ladders, and fans are his preferred tools

Not only neat, but clean and proper as well

Earlier, the fireplaces burned only wood

And the cry, "Oh, oh, Mr. Chimney sweep," from high to low

A character depicted in the theater and art

Imp or idiot but always sly

Le Boulanger

The Baker

LE BOULANGER

Le pain a un statut plus vieux que la bible
Connu comme l'essence de vie indispensable
Pour des siècles le bon blé restait hors de vue
Savoir faire la farine est tout près de Dieu

Le cocorico sonne tôt pour ceux entre pate et four
Le meilleur pain se fait dans les étapes dures
Avant toute chose il faut des proportions exactes
Que se soient des miches humbles ou des baguettes

De l'eau pure, de la levure, des farines précisées
Le temps fait le pain qui est plus que parfait
Le pain de demain, est dans la pâte du présent
Mieux un stoïque pour pétrir en gonflant

Bis ou blanc se couple facilement pour partie
Du pain, du vin, du fromage, une bonne rêverie

THE BAKER

Bread has a status older than the Bible
Known as the indispensable essence of life
For centuries the best wheat lay dormant
Knowing how to make flour is God's work

The rooster crows early for those between dough and oven
The best bread is made in laborious steps
Before anything the exact proportions
Whether modest round loaves or baguettes

Pure water, yeast, and the right flour
Time is what makes the bread better than perfect
The bread of tomorrow is in the dough of today
Better a stoic to knead for the bread to rise

Brown or white makes its easy way with
Bread, wine, cheese, for a dreamy dream

La Femme de Chambre

The Housekeeper

LA FEMME DE CHAMBRE

Invisible cette femme qui passe inaperçue
Toutes choses misent en place, à quoi ce soit dû
Quelque magie ou une armée d'elfes dans l'absence
Un sens plutôt clairvoyant rien n'est par chance

Très commun dans les ménages des rois et des princes
Madame avait tout près la personne de confidence
Monsieur présume que son valet peut tout faire
Mais au temps présent, cette tradition est plus rare

Femme discrète se glissant d'une chambre à l'autre
Sans visage, sans bruit, tout sera en ordre
Un travail dur, des kilos et des kilos à déplacer
Sans grimace avec des hôtes mal élevés

Quel bon plaisir de rentrer chez soi avec tout parfait
La même chambre qu'on avait vue quand on arrivait

THE HOUSEKEEPER

Invisible this woman who passes unseen

Everything in its place, how does that happen

Magic or an army of elves working in one's absence

A sense of anticipation, nothing is by chance

Common in the households of kings and princes

And Madame always had her confidant

And Monsieur presumed his valet could manage all

But now, this tradition is indeed rare

A discreet woman, gliding from one room to the other

Without a face, without noise, everything will be neat

A hard job, with pounds upon pounds to carry

Without a frown for the guests some without manners

What a pleasure to return to a room so perfect

The same room that you saw on arrival

Le Portier

The Doorman

LE PORTIER

Devant la porte avec un salut chaleureux

Jongleur des voitures, des taxis, et des porteurs,

Yeux stratégiques de maitre du champs de bataille

Comme un danseur de ballet rodant dans la pagaille

Physionomiste, une mémoire des noms et des visages

Sans effort il garde clairs les hôtes et leurs bagages

Commandant tout entre porte et réception

Correct, polit, efficace sans exception

En uniforme il nous fait penser au soldat

Ses mouvements calculés dirigent d'ici à là

Sans sa direction, un grand bouchon se passe

Jour et nuit les espoirs nombreux il dépasse

Le ferme main qui ouvre la porte à l'arrivé

La même main qui ferme la porte à la rentrée

THE DOORMAN

Before the door with a warm greeting

Juggler of cars, taxis, and the porters

Strategic eyes, master of the battlefield

Like a ballet dancer, prowling the chaos

Physiognomist, never forgetting a face or name

Without effort he keeps straight the guests and their baggage

Captain of all between the front door and reception

Correct, polite, efficient without exception

In uniform he resembles a soldier

His deft movements steer from here to there

Without his direction, a jam would ensue

Day and night, he answers many demands

That firm hand that opens the door on arrival

That same hand that closes it on departure

Le Poissonnier

The Fishmonger

LE POISSONNIER

Les premiers poissonniers sans doute furent pécheurs
Près de la mer et de la proie ciblée par des chasseurs
Mais dans les filets, les lignes parfois des surprises
Des genres attrapés inconnus et mal compris

Quand les poissons s'aventurent trop loin de l'eau
Petit doute de fraicheur demande l'examen de peau
Seul un expert peut savoir, le poissonnier
Si c'est frais, de bonne qualité, il déciderait

La traçabilité un sujet d'importance
Pour les crustacés, ne dépend pas sur la chance
Sushi, sashimi, tartare, carpaccio et tout
Un repas délicieux, sain et sauf est le but

Pour les pupilles claires, l'odeur, et d'autres traces
Comptez sur lui qui travaille dans la glace

THE FISHMONGER

The first fishmongers had to be fishermen

Near to the sea and their targeted catch

But from the nets and lines, sometimes a surprise

Fish of a type unknown and not understood

And when fish travel too far from the sea

Their freshness is questioned, their skin examined

Only an expert can know, a fishmonger

It's fresh, of good quality, he decides

From whence it comes all important

And for shellfish, don't depend on chance

Sushi, sashimi, tartar, carpaccio, and all

A dinner, delicious but clean and safe, the goal

Those eyes not clear, an odor, and other signs

Count on he who works in the ice

Le Sapeur-Pompier

The Fireman

Le Sapeur-Pompier

Un appel de secours amène le pompier
Invisible sauf quand se passe un ennui
On se demande voyant leur camion en route
Une urgence médicale ou un feu de mazout

Depuis Égypte les incendies menacent
Rome, Londres, Chicago les désastres vrais
Avant la pompe mécanique, avant les tuyaux
Une queue des hommes formant une chaine de seaux

Sont responsable pour beaucoup plus qu'on pense
Militaires, civils, volontaires, un boulot intense
Sauvetage des humains et d'autres en danger
Arrivant toute de suite ils viennent sans tarder

La tête se repose sans souci sur le coussin
Parce que les casques en argentes ne sont pas loin

THE FIREMAN

A call for help brings the fireman
Invisible unless there is a problem
Wondering when we see the fire truck
A medical emergency or a fire

Since Egypt and Greece fire has threatened
Rome, London, Chicago, true disasters
Before the automatic pumps, before the hoses
Men formed a human chain with buckets

Responsible for much more than one thinks
Military, civil, volunteers, an intense job
Rescue of humans and animals in danger
Arriving quickly without a second delay

The head sleeps easily on the pillow
Knowing the silver helmets are not far away

Le Tailleur

The Tailor

Le Tailleur

Faire sur mesure, un beau costume trois pièces

Une idée de luxe non seulement un caprice

Fait à la main est comme cuire un soufflé

Trop presser est un risque, quand c'est fait, c'est fait

Mains sures tiennent le mètre ruban d'ancien temps

Chaque dimension prise pour le modèle qu'ils font

Les épingles clouées au hasard dans la pelote

Une craie blanche reste près à coté pour prendre note

Du lin, de la flanelle, ou quelque chose en soie

Conservateur ou à la mode à votre choix

L'essayage un mystère de fils blancs et la toile

Deuxième essayage semble plus normal

Gentil homme de l'aiguille et des grands ciseaux

Sachant tourner les imperfections pour faire du beau

THE TAILOR

Made to measure, a handsome three-piece
A luxurious idea, not merely a whim
Made by hand, like cooking a soufflé
Too rushed a risk, when it's done, it's done

Steady hands hold the tried and true tape
Each measurement taken to fashion the model
The needles stuck haphazardly in the pin cushion
A white chalk lies close to make its marks

Wool, flannel, or something in silk
Conservative or with more flair your choice
First fitting a mystery of white thread and canvas
Second, now we're getting there

Gentle man of needles and big scissors
Knowing how to make imperfections beautiful

Le Chauffeur

The Chauffeur

Le Chauffeur

Les hommes fidèles sur lequels on peut compter
Les mouvements délibérés bien pratiqués
La voiture roule sans effort tranquille et lisse
Pas pressé, toujours à l'heure, suivant la piste

Les voitures des conducteurs sont bien variées
Taxi, de location, ou voiture privée
Connaissant les modèles et les styles différents
Étant correct avec toutes sortes de clients

Une mention spéciale, chapeau bas
Au chauffeur de famille, toujours là
En fonction de la durée de multi-années
Les heures sont longues aucun détail négligé

La devise du chauffeur est la patience
Dépêchez-vous puis attendez une vie en suspens

THE CHAUFFEUR

The loyal men on whom we count
Deliberate movements well practiced
The car rolls without effort peaceful and smooth
No hurry, always on time, following the route

Livery cars are of many sorts
Taxi, rental, or private cars
Knowing the models and the various styles
Being constant no matter the client

A special mention, a tip of the cap
To the family chauffeur, always there
Serving for a long time, many years
The hours are long, no detail neglected

The prized quality of a chauffeur is patience
Hurry-up then wait, a life of suspense

Le Fromager

The Cheesemaker

LE FROMAGER

Ses meilleures amies sont les fructueuses vaches
Ma douce, ma belle, Françoise, le fromager s'attache
Chaque jour est nouveau, mais pour finir la même chose
Du matin au soir une procédure douloureuse

Sept litres de lait fait un litre de fromage
La production dépend de la race et l'élevage
Le contrôle des variables un art et une science
Connu par les tâtonnements rien n'est par chance

Un mélange du lait cru et du lait d'hier
Cette formation de caillage est très nécessaire
Une chaleur précise mais attention pas trop chaud
Couper, tailler, mettre dans des ronds beaux

En France il existe un fromage pour chaque jour
Chaque région sans exception fanfaronne la leur

THE CHEESEMAKER

His best friends are those bountiful cows
My sweet, my belle, Francoise, he's attached
Every day is new, but in the end the same
From morning 'til night a painful process

Seven liters of milk yields a liter of cheese
Output dependent on the race and species
Controlling the elements an art and science
Knowing from trial and error, nothing left to chance

A blend of today's milk and that of yesterday
The formation of curd is very necessary
A temperature precise, but not more
Cut, slice, place into classic rounds

In France there is a cheese for each day
Each region, thinks theirs the best

Le Cordonnier

The Shoemaker

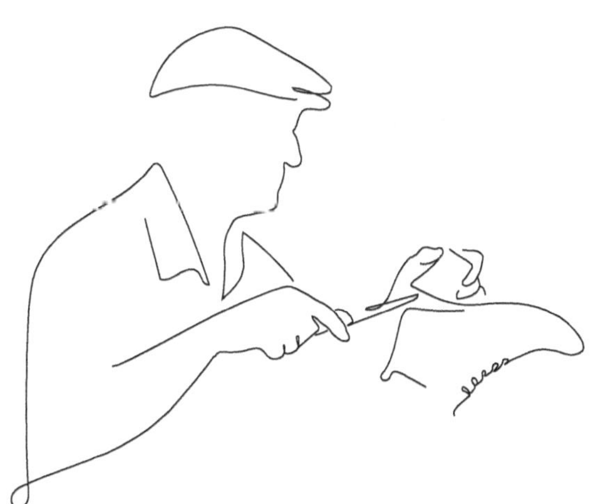

Le Cordonnier

En effet les chausseurs restent un vrai mystère

La taille bien trente-sept, mais elles font misère

Chaque fabricant usant une forme unique à lui

Des centaines de tailles mais pas les mêmes

Monsieur Cordonnier, l'ami des pieds le meilleur

Des bottes, des talons, des mocassins sur mesure

Une forme une sculpture précise de patte

Des pieds heureux, comme dans des gants délicats

Expert en fabrication et en réparation

En cuirs variés se trouve la bonne solution

Aussi des ceintures, des sacs, et des sacoches

Un vrai chevronné avec une experte touche

Une partie psychologue qui tend l'oreille

Histoires larmoyantes des talons sans pareil

THE SHOEMAKER

Truth be told, shoes remain a mystery
The size is seven, but why do they hurt
Each manufacturer has his very own form
Hundreds of size sevens but not all fit

Mr. Shoemaker, the feet's best friend
Boots, heels, loafers handmade
A form, a sculpture, your own foot
Happy feet like gloves so delicate

Expert at making and repairing
Among various leathers he finds the right one
Also, belts, bags, and satchels
A real veteran with an expert's touch

Part psychologist lending his ear
To tear-jerking stories of stiletto tragedies

Le Facteur

The Postman

Le Facteur

Ces fidèles et leurs trajets si célébrés

Eux contre les éléments bien documentés

Livreur des choses à la fois grandes et modestes

Il circule en traitant tous avec politesse

Visible dans les rues une pensée assurée

Normalement sur le même parcours pour des années

Dans l'uniforme portant son sac ou sa charrette

Toujours à l'heure sauf des arrêtes

Peu connu, le plus grand travail est hors de vue

Derrière au bureau de poste le tri à lieu

Une montagne de lettres, des cartons à classer

Des tonnes de poste arrivent chaque jour il faut se presser

Quand un jour férié arrive mais on oublie

Toute de suite on dit, « ou est la poste aujourd'hui »

The Postman

These faithful and their treks are celebrated

Their determination against the elements well-documented

Delivering things both large and small

On his rounds treating all politely

When seen in the street a sign of normalcy

On the same path pour many years

In uniform with his sack or his cart

Always on time unless unexpectedly detained

But unknown and unseen is the real work

Back at the post office is where the sorting takes place

A mountain of letters, cartons to organize

Tons of mail arrive each day, hurry up

When one forgets that it is a holiday

Right away one says, "Where's the mail today?"

L'Ébouer

The Garbageman

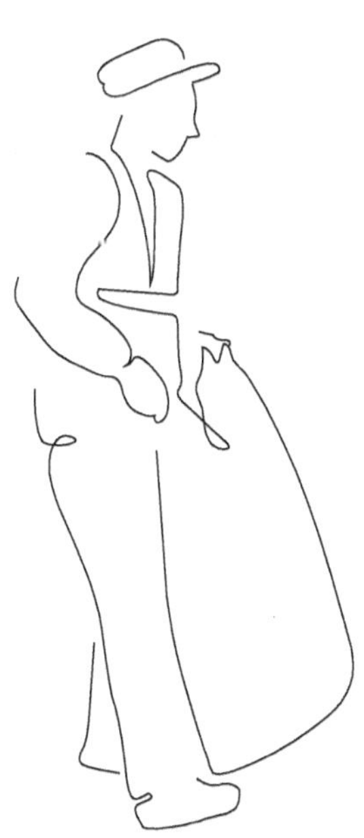

L'Ébouer

Une tâche déplaisante à laquelle personne ne veut penser
Pourquoi et comment on tombe dans ce métier
Crois-le ou non, il y a des spécialistes
Un labeur plus ardu que les apparences

L'équipe de ramassage est trois costauds
Deux pour des sacs, le troisième au camion plus tôt
Le jour se passe en suivant un itinéraire
Avancer un peu, arrêter, une sale affaire

Et ne pas ignorer que les dangers sont partout
Les déchets en soi pleins des verres cassés surtout
Les voitures, les bicyclettes, les gens impatients
Attention, les yeux ouverts, tout surveillant

Un métier si nécessaire souvent négligé
Jusqu'au moment où une grève s'est déroulée

THE GARBAGEMAN

An unpleasant task that no one wants to think about

Why and how does someone fall into this work

Believe it or not, there are specialists

A job that's harder than it looks

The garbage team is three strong men

Two for the bags and one for the truck

Each day a route is followed

Forward a bit, stop, a messy business

And don't forget that danger abounds

The trash, the broken glass everywhere

The cars, the bicycles, the impatient public

Be careful, open your eyes, look around

A job so necessary but often overlooked

Until there's a strike that takes place

Le Concierge

The Concierge

Le Concierge

Quand la confusion abonde il garde son sang froid
Un tour de calme, sur la situation, roi
Interprète, intermédiaire, chef des clients
Encyclopédie sur deux jambes il est brillant

Pour tous les coups il est rassurant là
Une table difficile, train complet, billets à l'opéra
Sa spécialité, le plus impensable
Qui soit impossible devient probable

La connaissance comme le vin, murit avec temps
Plus souvent apprenti porteur auparavant
Les détails obligatoires maîtrisés
Établir la confiance en ceux recommandés

Une source sûre cet homme aux clés dorées croisées
Le jour et la nuit un tigre prêt à sauter

THE CONCIERGE

When confusion abounds, he is composed

A beacon of calm amidst the storm, king

Interpreter, intermediary, advocate for guests

An encyclopedia on two legs, he's brilliant

For every occasion he is reassuringly there

A difficult table, a full train, tickets to the opera

His specialty, the highly unrealizable

What is impossible becomes probable

Knowledge like wine, develops with time

More often than not, beginning as a bellboy

The obligatory basics mastered

And building confidence in those recommended

A reliable source this man of the crossed gold keys

Day and night a tiger ready to pounce

Le Coiffeur

The Hairdresser

Le Coiffeur

Il se trouve dans la colonne bonne ou mauvaise

Toujours au bord d'un certain malaise

Sa place préférée dépend de la dernière coiffe

Un héros ou une brute, attrapé en soi

Soigneur des mèches et des boucles de Madame

Si une catastrophe arrive sûr lui le blâme

Deux même trois par semaine sa tête au billot

Certains clients sont gentils et d'autres taureaux

Restant debout le dos se penche en grande arc

Comme ça il cercle faisant des drôles remarques

Couper, peigner, couper, peigner, laver et sécher

Et puis la couleur, mon Dieu, c'est trop risqué

C'est très amusant ce pas de deux étrange

Mais avant tout Jean-Claude, faites-moi jolie mon ange

THE HAIRDRESSER

He's always in good graces or out

Always on the cusp of dread

His status only as good as his last do

A hero or a brute, trapped as he is

Caretaker of the tresses and curls of Madame

If some catastrophe comes, he will bear the blame

Two even three times per week his head on the block

Certain clients are nice, others mean

On his feet, his back hunched in an arc

Like this, he circles bantering cute remarks

Cut, comb, cut, comb, wash and dry

And then the color, my God, such a risk

A strange kind of dance, this dance of two

But most of all Jean-Claude, make me beautiful, my angel

Le Balayeur

The Street Sweeper

Le Balayeur

L'ancienne figure plus au moins mythologique
Lui portant le balai et la pelle typique
Le premier dans les rues bien avant le soleil
Ses devoirs ne se finissent avant la veille

Le son de son balai en brossant les pavés
Une marche pénible, constante, un état mauvais
Les trottoirs, ruisseaux, et égouts, son royaume
Disparue longtemps l'image de son uniforme

Nos braves balayeurs continuaient leur trajet
Mais beaucoup de travail est mécanisé
Néanmoins la tâche cochonne est la même
Polir et rendre propre les ruelles qu'on aime

Quel genre d'énigme on trouve de subir
L'indignité et le manque de respect sévère

THE STREET SWEEPER

The timeless figure more or less of myth

He carries the typical broom and shovel

First in the streets well before dawn

His duties only finished as twilight arrives

Le sound of the broom brushing against the stones

A painful walk, constant, a bad state of mind

The sidewalks, gutters and sewers his domain

The image of his uniform long gone

Our faithful streetsweepers continue their route

Now much of the work is mechanized

Nevertheless, the dirty work remains

Clean and polish the streets we hold dear

What kind of enigma does one engage

To suffer this indignity and lack of respect

Le Plombier

The Plumber

Le Plombier

Sans ses interventions on sera dans la boue

Tous les jours, toutes les heures, mon Dieu c'est fou

L'eau fraiche, le gaz de chauffage, et le sanitaire

L'assiette pleine, ne personne ne dirait le contraire

Un devoir d'énormité et tant å savoir

Les canalisations vont ici et là

Une grande masse de tuyaux partout en fouillis

Les petites bêtises résultent en plus que « tant pis »

En plus le gaz, une matière dangereuse

Une installation fautive ou une fuite périlleuse

Un désastre ou des pertes des vies ou pire

Des douzaines de chemins tortueux à réfléchir

Eh alors la sale question des choses sanitaires

Armé avec sa clé à molette il fait le nécessaire

The Plumber

Without him we'd be in deep _____

Every day at all hours, my God, it's the pits

Fresh water, gas for the heating, and the facilities

His plate full, no one would deny

So much to do, so much to know

The pipes go hither and yon

A hodgepodge of pipes, circles and hoops

A small mistake can mean more than Oops!

And gas, a matter of danger

A faulty installation or a perilous leak

A disaster or worse, loss of life

Many decisions must be considered

And then the nasty question of sanitary stuff

Armed with his trusty wrench, he'll do the right thing

Le Teinturier et Le Blanchisseur

Dry Cleaners & Laundry

LE TEINTURIER ET LE BLANCHISSEUR

Nettoyage à sec, lavage à l'eau savonnée

Déposer, chercher soi-même, faites la livrée

Une tâche de vin rouge abîme, ferons son mieux

Les ratés sont rares, ils échouent très peu, c'est sur

À part le nettoyage et de faire propre tout

Que tout déposé est retourné est le but

Dans les cuves les vêtements tournent ensemble

Par miracle pourtant il se réassemblent

L'amidon, lourd, léger, ou rien du tout

Les couleurs, les blancs, le coton ou d'autres tissus

En machine ou à la main le repassage

Autrement plié dans un joli emballage

Le délai est court pour tout faire

Sans plis, sans taches, sans dommage on espère

DRY CLEANERS & LAUNDRY

Dry clean or wash with soap

Drop off, pick up, or have it delivered

A spot of red wine, we'll do our best

The failures are few, they rarely miss, it's true

Apart from cleaning and making everything right,

That all dropped off is returned is the goal

In the vats it all tumbles together

Somehow by miracle it gets back in place

Starch, heavy, light or none at all

Colors, the whites, the cottons, or other fabrics

By machine or ironed by hand

Otherwise folded in a neat package

The turnaround is quick to do everything

Without wrinkles, without spots, not damaged we hope

Le Barman

Bartender

Le Barman

Fait rendez-vous, passe du temps, cherche l'endroit parfait
Une place neutre, le bar de l'hôtel satisfait
Seul, avec plusieurs, ou tombé par chance
L'homme au bar, le barman fait la différence

Parmi des caractéristiques, grincheux n'est pas
De bonne humeur, un animateur, bavard, ça va
Mixologue des boissons courantes et exotiques
Connaisseur des vins, un acteur cinématique

Comme un contrôleur aérien surveillant
Gardant les serveuses et clients indirectement
Doué en faisant deux ou trois choses à la fois
Plusieurs audiences dépendent de sa bonne joie

D'un autre côté, gentil prêtre de sa paroisse
Une oreille et une sympathie à l'angoisse

Bartender

Make a rendezvous, pass some time, a perfect place
A neutral place, the hotel bar is the answer
Alone, with others, or stop in by chance
The man, the one behind the bar is the difference

Among his traits, grumpy is not one
Good humor, warm host, and talkative are
Mixologist of standard cocktails and the more exotic
A connoisseur of wines, and part movie actor

Like an air traffic controller, ever alert
Discreetly watchful over the servers and guests
Able to perform several tasks at the same time
Several audiences depend on his friendliness

Otherwise a gentle priest in his parish
A sympathetic ear for those in need

Le Boucher

The Butcher

Le Boucher

Une activité depuis l'aube des chasseurs

Attrapant leur proie l'homme le prédateur

La préparation du gibier le stage premier

Ces jours le métier dédié aux domestiqués

Debout dans le froid, avec la chair et le sang

Expert des outils tranchants selon son rang

Spécialiste des coupes, de la tendresse, et de la cuisson

Des recettes, à quelle chaleur, la meilleure façon

Le travail lourd continue jour après jour

Sans répit les clients qu'il endure

Chacun demandant la meilleure tranche

Mieux de faire commander bien à l'avance

C'est de la chance d'être son très bon ami

Mais encore mieux d'appartenir à sa famille

The Butcher

An activity since the first hunters roamed

Trapping their prey, man the predator

Preparing the game, a first step

But today, the job centers on the domestic strain

Standing in the cold mid the meat and blood

An expert with knives a part of his skill

A specialist on cuts, tenderness, and cooking techniques

Recipes, what temperature, the best way

It's heavy work, day after day

Without a break, the customers persist

Each one demanding the best piece

Better to order in advance

It's lucky to be his good friend

Better yet to be part of his family

9 7 9 8 7 1 3 3 8 6 8 7 0